Inhaltsverzeichnis

2 Händigkeit untersuchen
3 Schwungübungen: Spitzen und Bögen
4 Schwungübungen: Spitzen
5 Ziffer 1 schreiben und Anzahl erkennen
6 Rechts und links unterscheiden, Muster fortsetzen
7 Figuren und Formen wiedererkennen
8 Schwungübungen: Bögen
9 Ziffer 2 schreiben und Anzahl erkennen
10 Schwungübungen: Bögen
11 Rechts und links, groß und klein unterscheiden, Muster fortsetzen
12 Schwungübungen: Bögen und Linien
13 Ziffer 3 schreiben und Anzahl erkennen
14 Rechts und links unterscheiden, Muster fortsetzen
15 Gleiches wiedererkennen
16 Schwungübungen: Linien
17 Ziffer 4 schreiben und Anzahl erkennen
18 Rechts und links unterscheiden, Muster fortsetzen
19 Fehlendes ergänzen
20 Schwungübungen: Bögen und Linien
21 Ziffer 5 schreiben und Anzahl erkennen
22 Anzahl bestimmen, Muster erkennen, Reihenfolge finden
23 Anzahl bestimmen, Reihenfolge finden, Fehler finden
24 Schwungübungen: Schleifen
25 Ziffer 6 schreiben und Anzahl erkennen
26 Anzahlen fortsetzen, Muster bestimmen
27 Fehlendes ergänzen
28 Schwungübungen: Linien und Spitzen
29 Ziffer 7 schreiben und Anzahl erkennen
30 Zuordnung von Ziffer und Menge, Reihenfolge finden, Figuren spiegeln
31 Größen einschätzen, Beziehungen erkennen, Zuordnung von Ziffer und Menge
32 Schwungübungen: Bögen
33 Ziffer 8 schreiben und Anzahl erkennen
34 Anzahl erkennen
35 Reihenfolge finden, Mengen vergleichen, Gleiches wiederfinden
36 Schwungübungen: Bögen
37 Ziffer 9 schreiben und Anzahl erkennen
38 Zuordnung von Ziffer und Menge, Mengen vergleichen und bestimmen
39 Einfache Additionen, Ziffernfolge
40 Anzahl bestimmen, Reihenfolge finden
41 Anzahl bestimmen, Reihenfolge finden, Fehler finden
42 Nach Vorgaben anmalen, Anzahl erkennen, Muster fortsetzen
43 Ziffer 0 schreiben
44 Mengen vergleichen und bestimmen, Verdoppeln
45 Zuordnung von Ziffer und Menge, Ziffern von Folgen schreiben
46 Passende Stücke finden, Muster selbst erfinden
47 Formen erkennen, Anzahl bestimmen, Farbfolgen fortsetzen, Körper ordnen
48 Rechengeschichten erzählen

 Diese Aufgaben sollen von den Kindern verbalisiert werden.

 Händigkeit untersuchen, Bild weitermalen.

Schwungübungen: Spitzen, Bild weitermalen.

1
1
1
1
1
1
1
1
1

 Rechts und links unterscheiden, Muster fortsetzen.

Ziel

 Schwungübungen: Bögen, Körper unterscheiden.

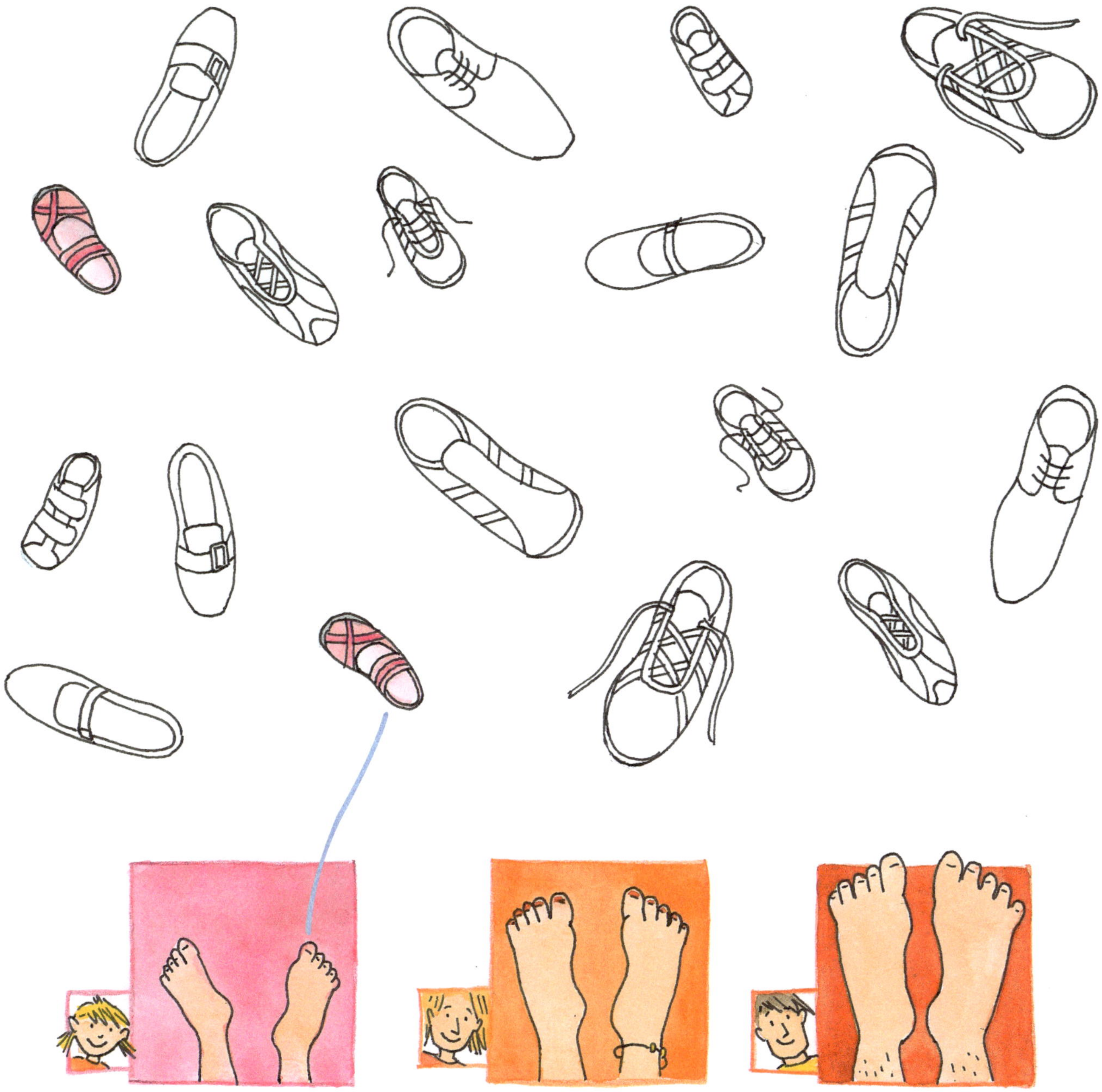

3 3 3

3

3

3 

3 

3 

3 

3 

3 

Rechts und links unterscheiden, Muster fortsetzen.

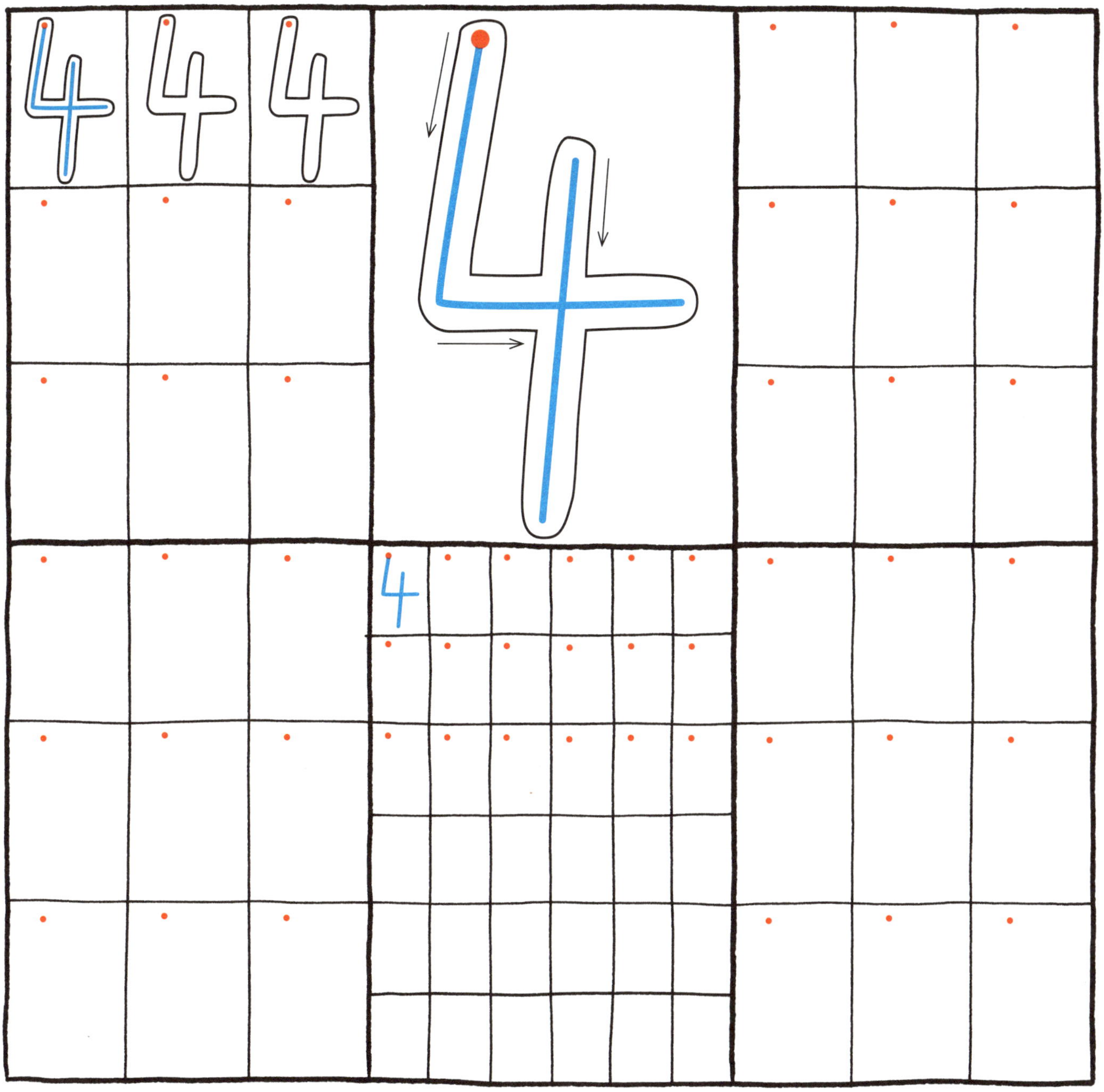

4 

4 

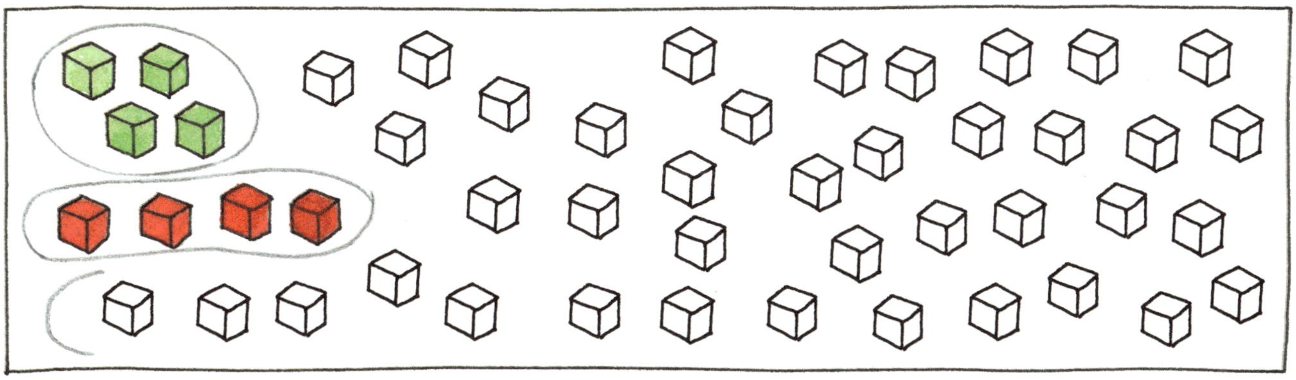

Rechts und links unterscheiden, Muster fortsetzen.

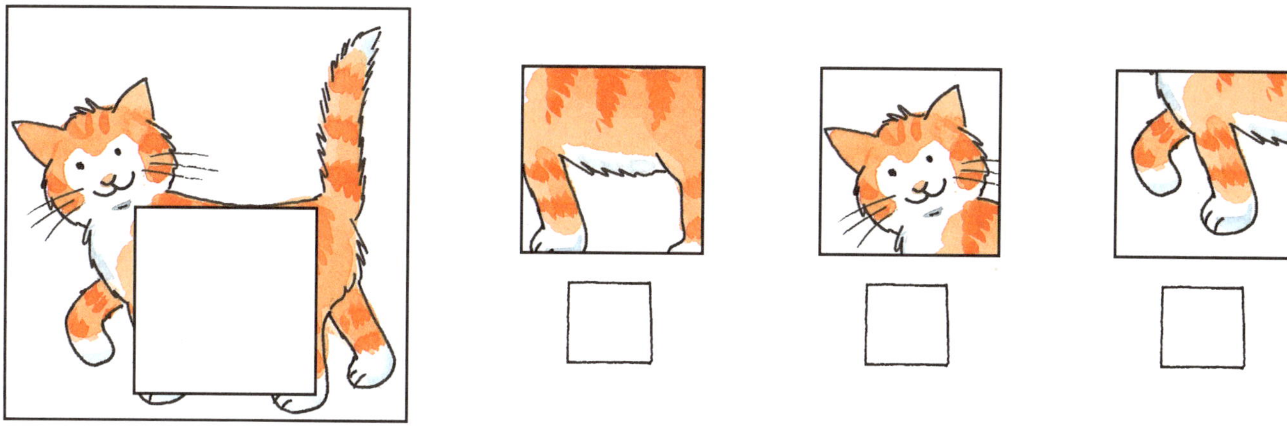

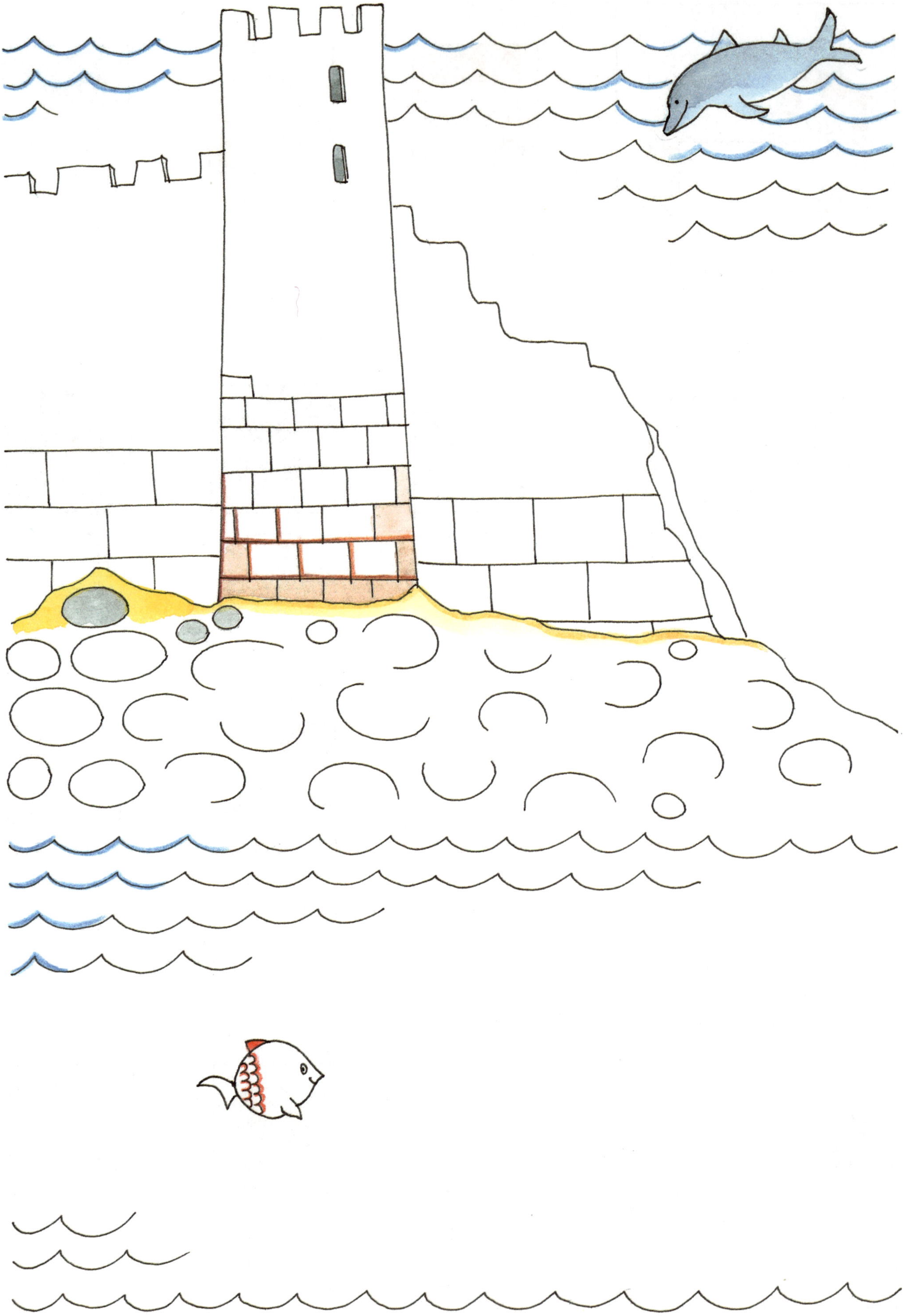

5 △

Anzahl bestimmen, Muster erkennen, Reihenfolge finden.

3									

		1.

5

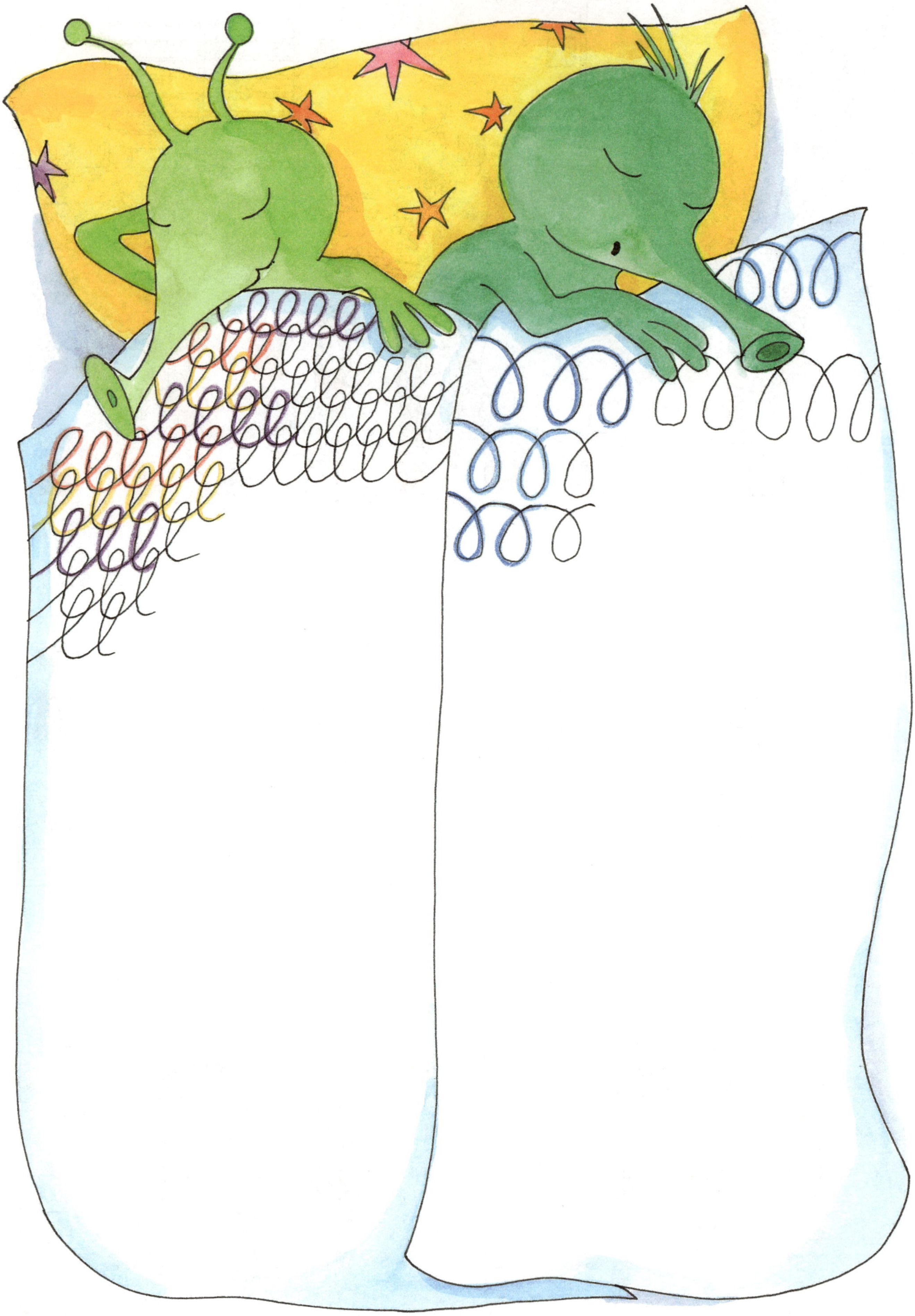

6

6 

6 

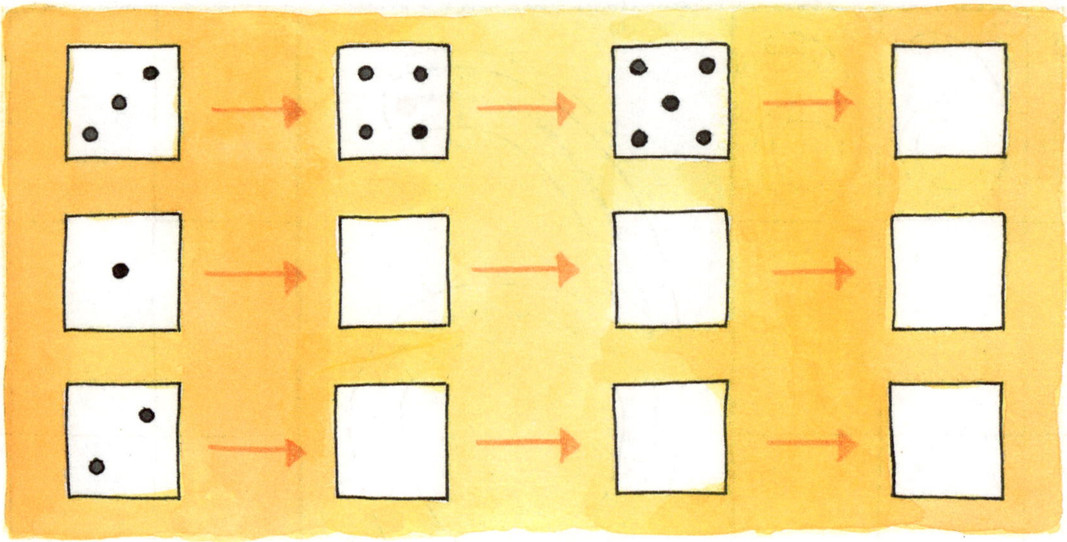

1
8
5

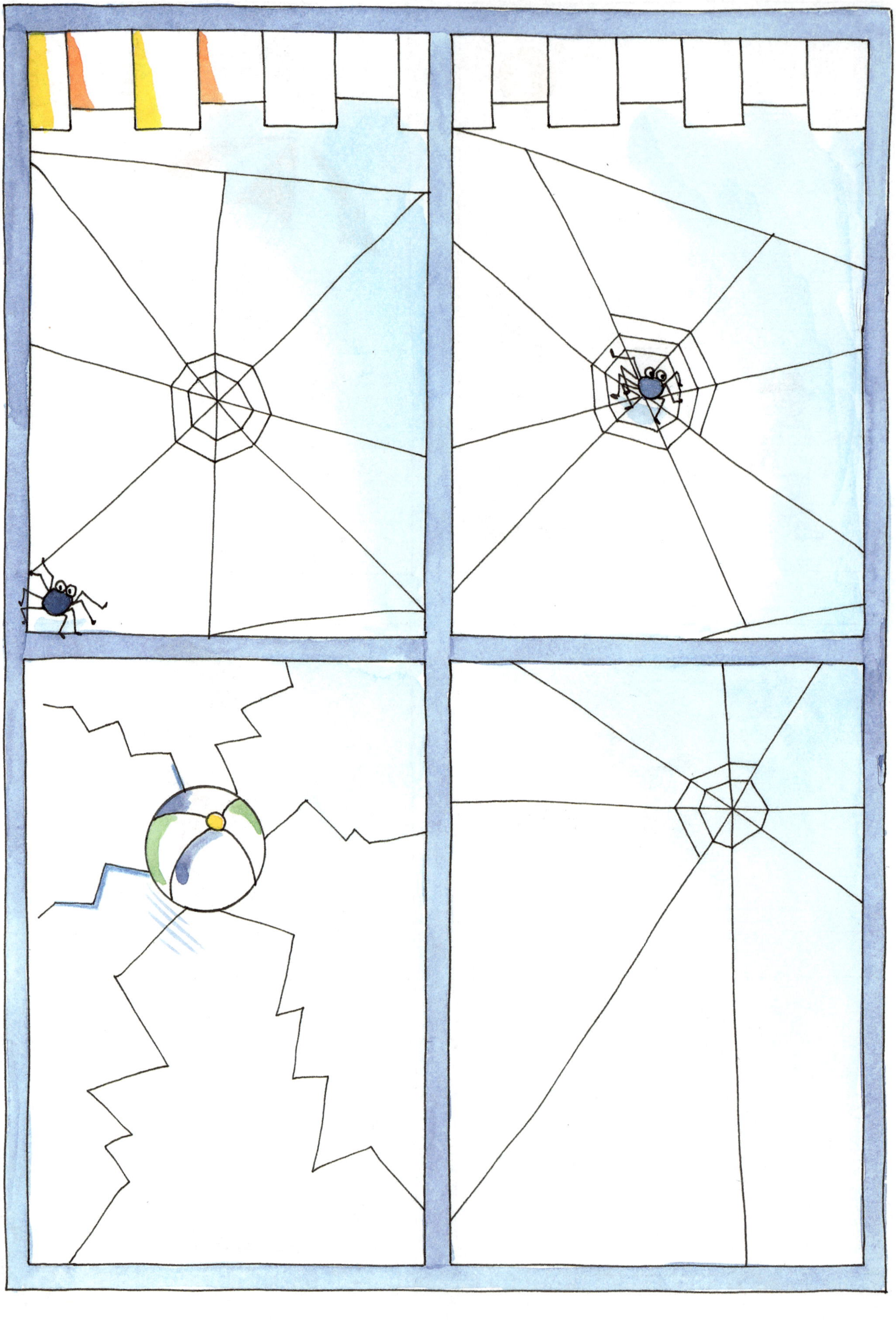

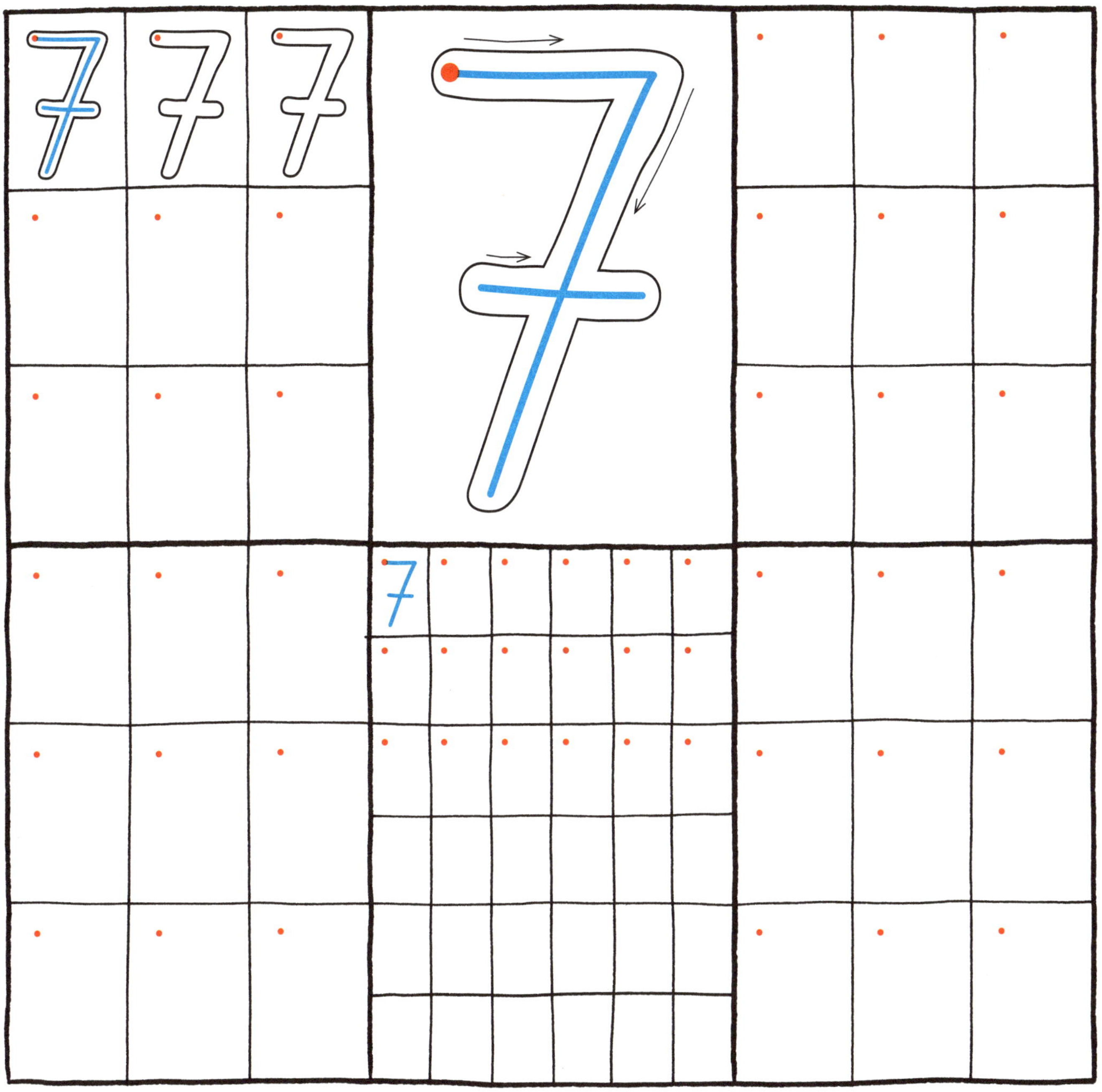
7
7
7
7
7

7

7

 Zuordnung von Ziffer und Menge, Reihenfolge finden, Figuren spiegeln.

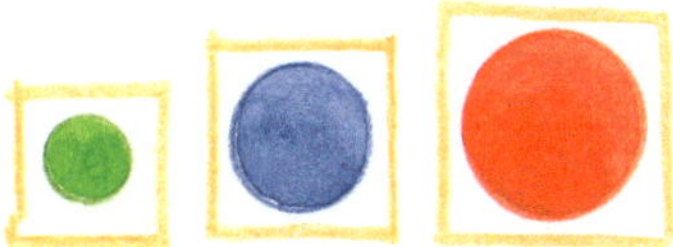

5
1
9

7
2

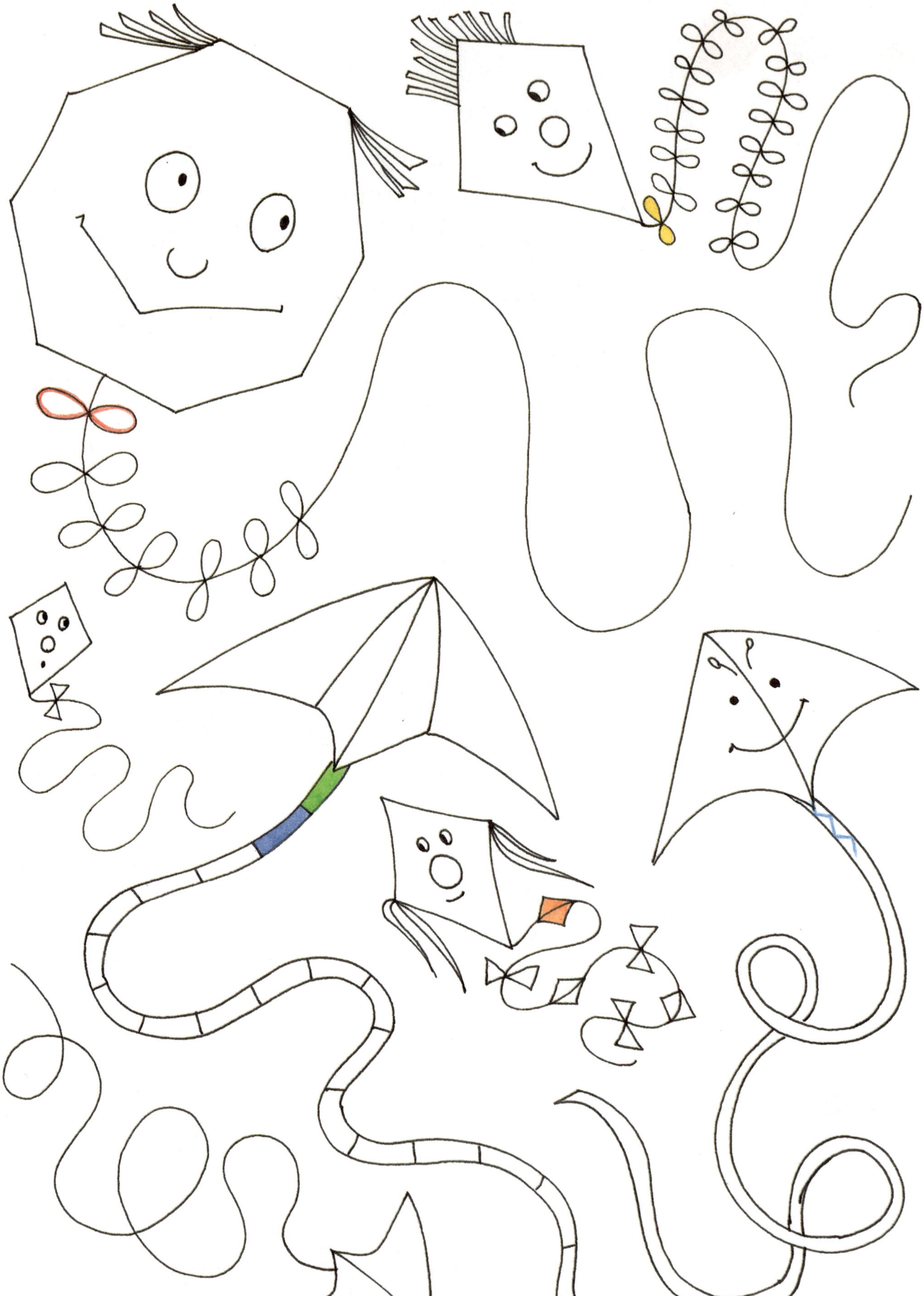

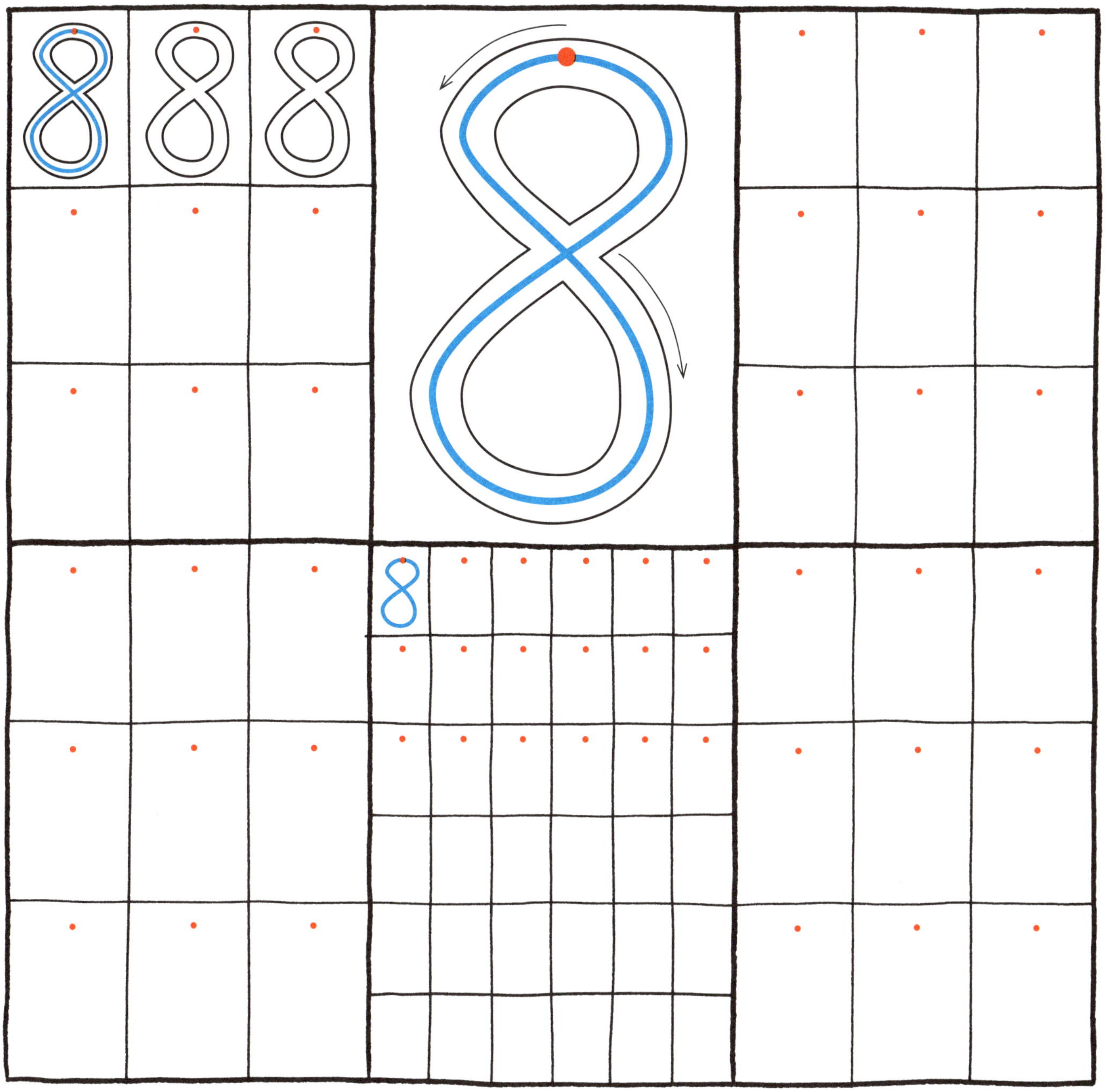

8

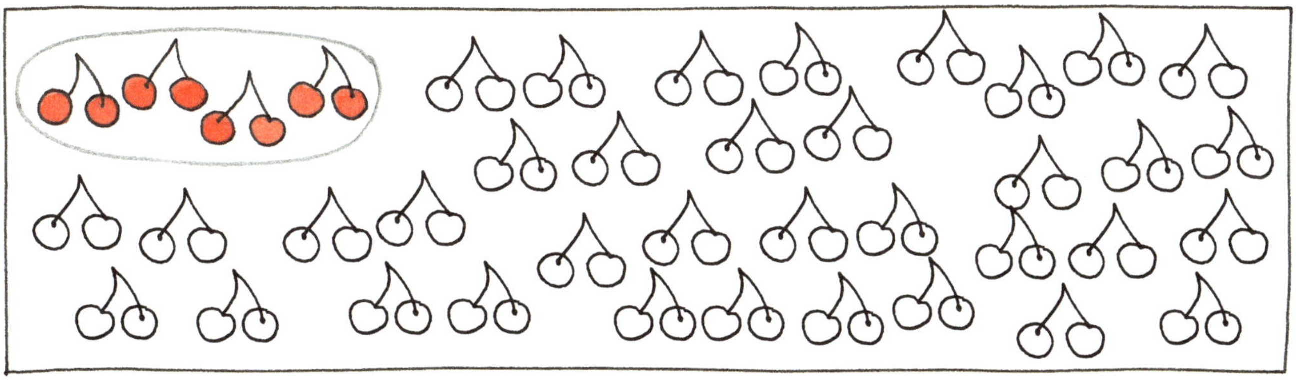

2

1 2 3 4 5
1 2 3 4 5
1 2 3 4 5
1 2 3 4 5
1 2 3 4 5
1 2 3 4 5

1

2.

7

9 9 9

9

9

9 

Zuordnung von Ziffer und Menge, Mengen vergleichen und bestimmen.

8
4
9
7
6

5
6
7
3
4

Mathe ist toll.
Option
1
3
7
*
#

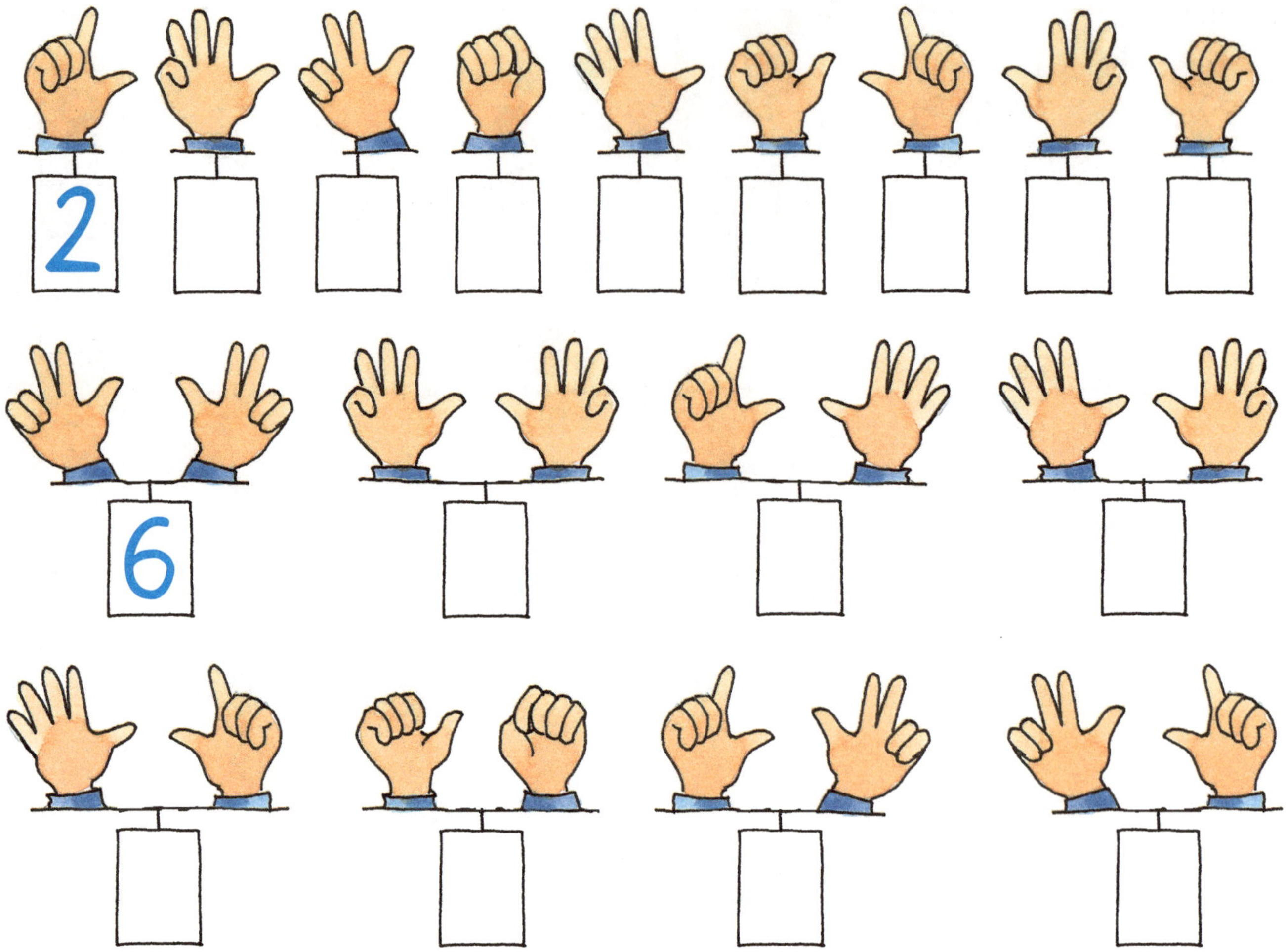
2
6

2.

1

1.

5

 Nach Vorgaben anmalen, Anzahl erkennen, Muster fortsetzen.

2 4 1

0 3 5

1 1				
2	4			

1	2	3	4	5	6	7	8	9	1	2	3						
1	3	5	7	9	1												
2	4	6	8	0	2												

Passende Stücke finden, Muster selbst erfinden.

3

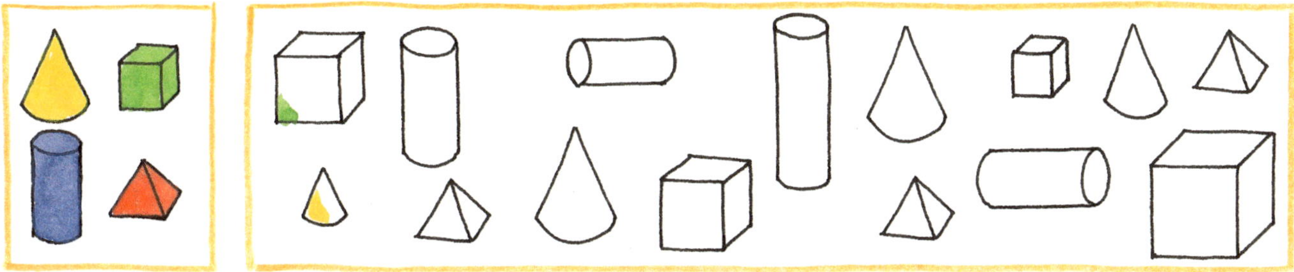

$4 - 1 = 3$

So hat mir die Arbeit gefallen: 

Rechengeschichten erzählen, Plus- oder Minusaufgaben erfinden, schreiben und erklären.